Impressum
Verlag: BABADADA GmbH, Nedderfeld 112 , 22529 Hamburg
Geschäftsführer / Verlagsleitung: Harald Hof
Druck: Books on Demand GmbH, In de Tarpen 42, 22848 Norderstedt

Imprint
Publisher: BABADADA GmbH, Nedderfeld 112 , 22529 Hamburg, Germany
Managing Director / Publishing direction: Harald Hof
Print: Books on Demand GmbH, In de Tarpen 42, 22848 Norderstedt, Germany

школа

skola

делити
dividera

186/2

плоча
tavla

учиона
klassrum

школско дворище
skolgard

наставник
lärare

папир
papper

писати
skriva

хемијска оловка
penna

писаћи стол
skrivbord

лењир
linjal

књига
bok

ученик
elev

торба

skolväska

перница

pennfodral

графитна оловка

blyertspenna

шиљило за оловке

pennvässare

гумица за брисање

suddgummi

блок за цртање

ritblock

цртеж

teckning

кист

pensel

кутија са бојама

målarlåda

маказе

sax

лепило

lim

бележница

övningsbok

домаћи задатак

hemläxa

број

tal

сабирати

addera

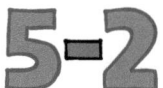

одузимати

subtrahera

множити

multiplicera

рачунати

räkna

слово

bokstav

абецеда

alfabet

реч

ord

текст
text

читати
läsa

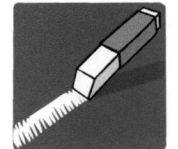

креда
krita

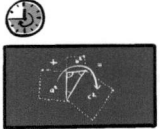

час
lektion

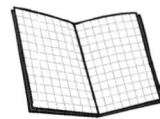

дневник
register

испит
prov

сведочанство
intyg

школска униформа
skoluniform

образование
utbildning

лексикон
uppslagsverk

универзитет
universitet

микроскоп
mikroskop

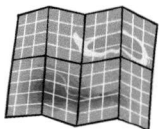

карта
karta

кошара за папир
papperskorg

путовање
resa

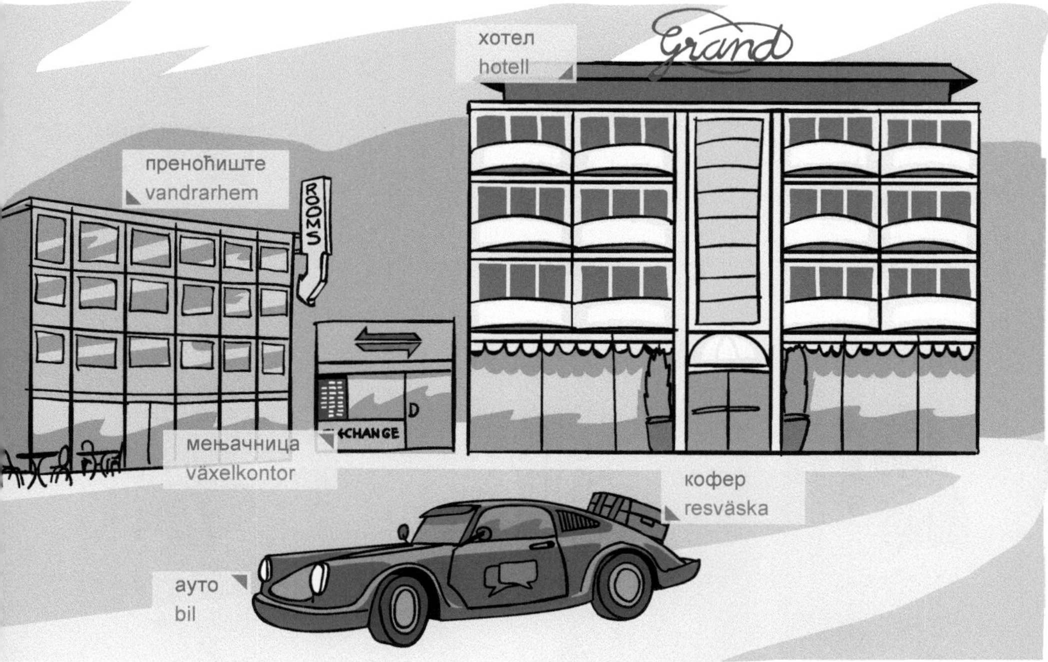
Grand
хотел
hotell
преноћиште
vandrarhem
ROOMS
мењачница
växelkontor
кофер
resväska
ауто
bil

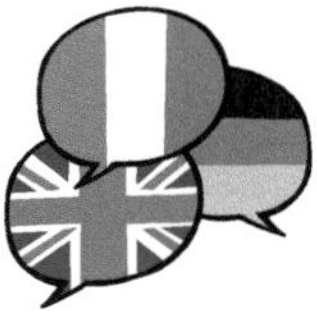

језик
sprák

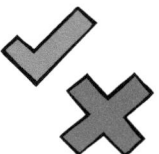

да / не
ja / nej

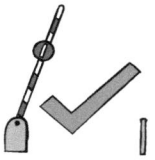

океј
Okay

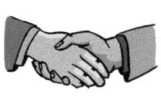

здраво
hej

преводилац
översättare

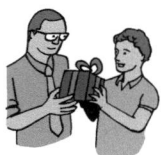

хвала
Tack

Колико кошта...?

hur mycket kostar...?

не разумем

jag förstår inte

проблем

problem

добро вече!

God kväll!

Добро јутро!

God morgon!

Лаку ноћ!

God natt!

довиђења

hejdå

смер

riktning

пртљага

bagage

торба

väska

руксак

ryggsäck

гост

gäst

соба

rum

вређа за спавање

sovsäck

шатор

tält

туристичке информације

turistinformation

плажа

strand

кредитна картица

kreditkort

доручак

frukost

ручак

lunch

вечера

middag

карта за вожњу

biljett

лифт

hiss

поштанска маркица

frimärke

граница

gräns

царина

tull

амбасада

ambassad

виза

visum

пасош

pass

транспорт

transport

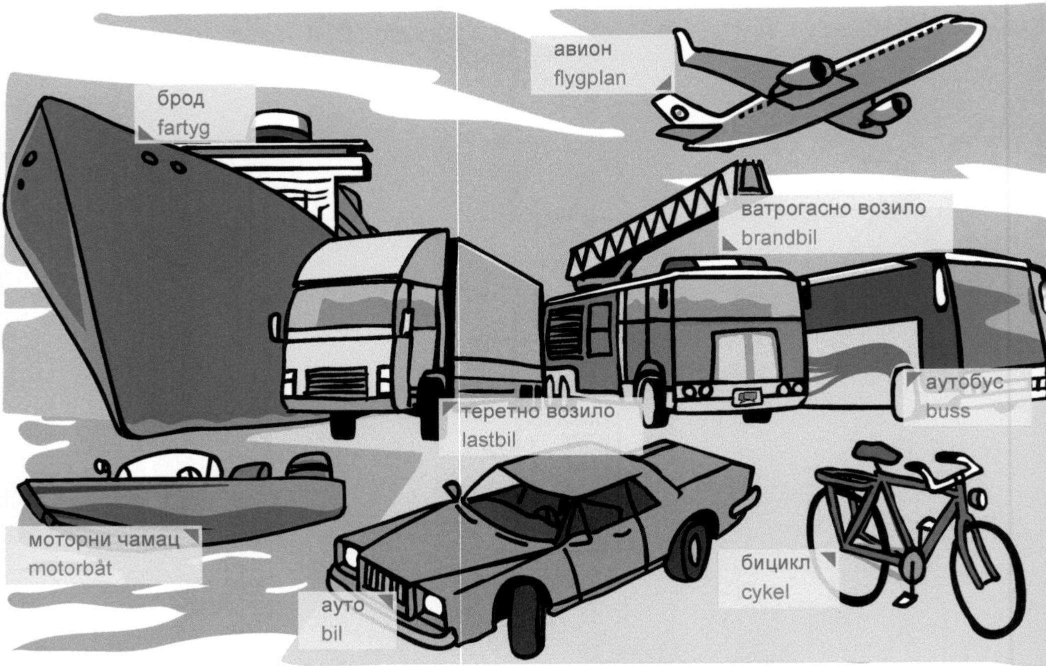
авион
flygplan
брод
fartyg
ватрогасно возило
brandbil
аутобус
buss
теретно возило
lastbil
моторни чамац
motorbåt
бицикл
cykel
ауто
bil

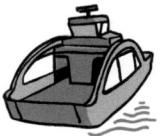

трајект

färja

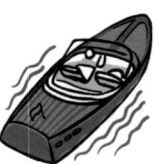

чамац

båt

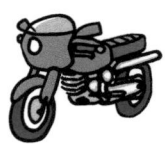

мотоцикл

motorcykel

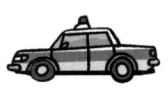

полицијски ауто

polisbil

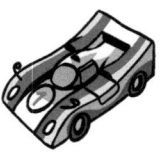

тркаћи ауто

racerbil

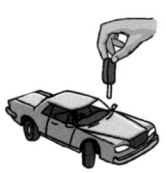

изнајмљено ауто

hyrbil

делење аутомобила

bilpool

вучно возило

bärgningsbil

возило за одвоз смећа

sopbil

мотор

motor

бензин

bränsle

бензинска станица

bensinstation

саобраћајни знак

vägmärke

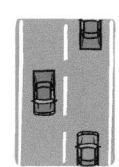

саобраћај

trafik

застој

bilkö

паркиралиште

parkeringsplats

железничка станица

tågstation

шине

räls

воз

tåg

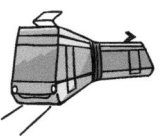

трамвај

spårvagn

вагон

vagn

хеликоптер

helikopter

аеродром

flygplats

кула

torn

путник

passagerare

контејнер

container

картон

kartong

колица

vagn

корпа

korg

узлетети / слетети

starta / landa

град

stad

село

by

центар града

centrum

кућа

hus

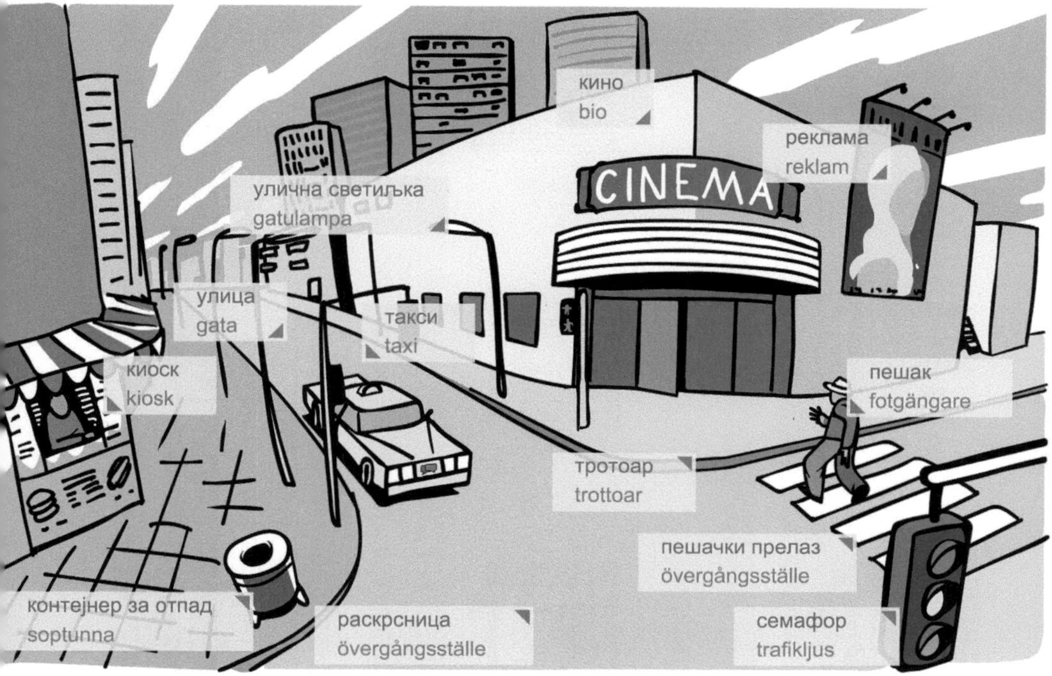
кино
bio
реклама
reklam
CINEMA
улична светиљка
gatulampa
улица
gata
такси
taxi
киоск
kiosk
пешак
fotgängare
тротоар
trottoar
пешачки прелаз
övergångsställe
контејнер за отпад
soptunna
раскрсница
övergångsställe
семафор
trafikljus

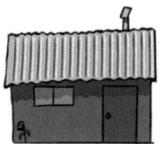

колиба

stuga

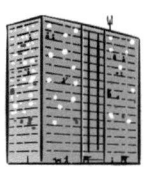

стан

lägenhet

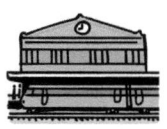

железничка станица

tågstation

већница

stadshus

MUSEUM

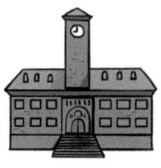

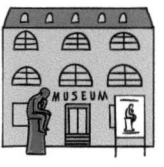

музеј

museum

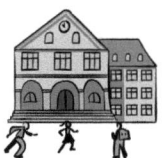

школа

skola

универзитет

universitet

банка

bank

болница

sjukhus

хотел

hotell

апотека

apotek

канцеларија

kontor

књижара

bokhandel

продавница

affär

цвећара

blomsterbutik

супермаркет

stormarknad

трг

marknad

робна кућа

varuhus

рибарница

fiskhandlare

трговачки центар

köpcentrum

лука

hamn

парк

park

клупа

bänk

мост

brygga

степенице

trappa

подземна железница

tunnelbana

тунел

tunnel

аутобуска станица

busshållplats

бар

bar

ресторан

restaurang

поштанско сандуче

brevlåda

улични знак

gatuskylt

паркирни аутомат

parkeringsautomat

зоолошки врт

zoo

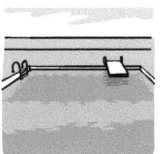

базен

simbassäng

џамија

moské

сеоско газдинство

bondgård

загађење околине

förorening

гробље

kyrkogård

црква

kyrka

игралиште

lekplats

храм

tempel

пејсаж
landskap

лист
löv

путоказ
vägskylt

пут
väg

ливада
äng

камен
sten

шетач
liftare

дрво
träd

река
flod

трава
gräs

цвет
blomma

долина

dal

планина

kulle

језеро

sjö

шума

skog

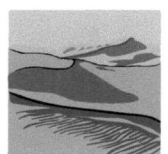

пустиња

öken

вулкан

vulkan

дворац

slott

дуга

regnbåge

гљива

svamp

палма

palm

москито

mygga

мува

fluga

мрав

myra

пчела

bi

паук

spindel

буба

skalbagge

жаба

groda

веверица

ekorre

јеж

igelkott

зец

hare

сова

uggla

птица

fågel

лабуд

svan

дивља свиња

vildsvin

јелен

rådjur

лос

älg

насип

damm

ветрењача

vindkraftverk

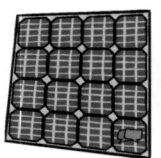

соларна плоча

solcellspanel

клима

klimat

пејсаж - landskap

ресторан
restaurang

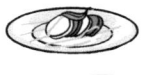

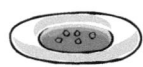

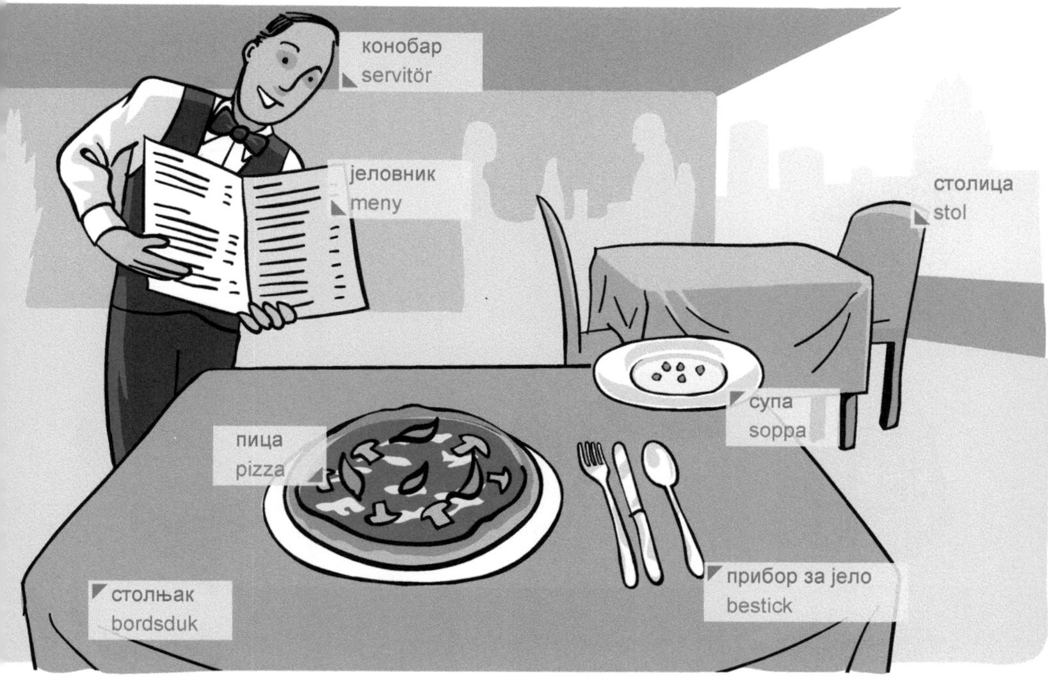
конобар
servitör
јеловник
meny
столица
stol
супа
soppa
пица
pizza
прибор за јело
bestick
стољњак
bordsduk

предјело

förrätt

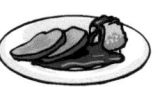

главно јело

huvudrätt

десерт

dessert

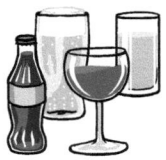

напитци

drycker

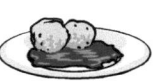

јело

mat

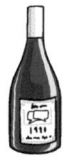

флаша

flaska

брза храна

snabbmat

имбис храна

street food

чајник

tekanna

доза за шећер

sockerskål

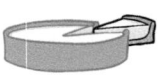

порција

portion

апарат за еспресо

espressomaskin

висока столица

barnstol

рачун

räkning

послужавник

bricka

нож

kniv

виљушка

gaffel

кашика

sked

чајна кашика

tesked

салвета

servett

чаша

glas

тањир

tallrik

тањир за супу

sopptallrik

тањирић

tefat

сос

sås

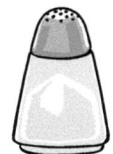

сољенка

saltkar

млин за бибер

pepparkvarn

сирће

vinäger

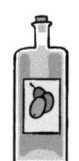

уље

olja

зачини

kryddor

кечап

ketchup

сенф

senap

мајонеза

majonnäs

супермаркет
stormarknad

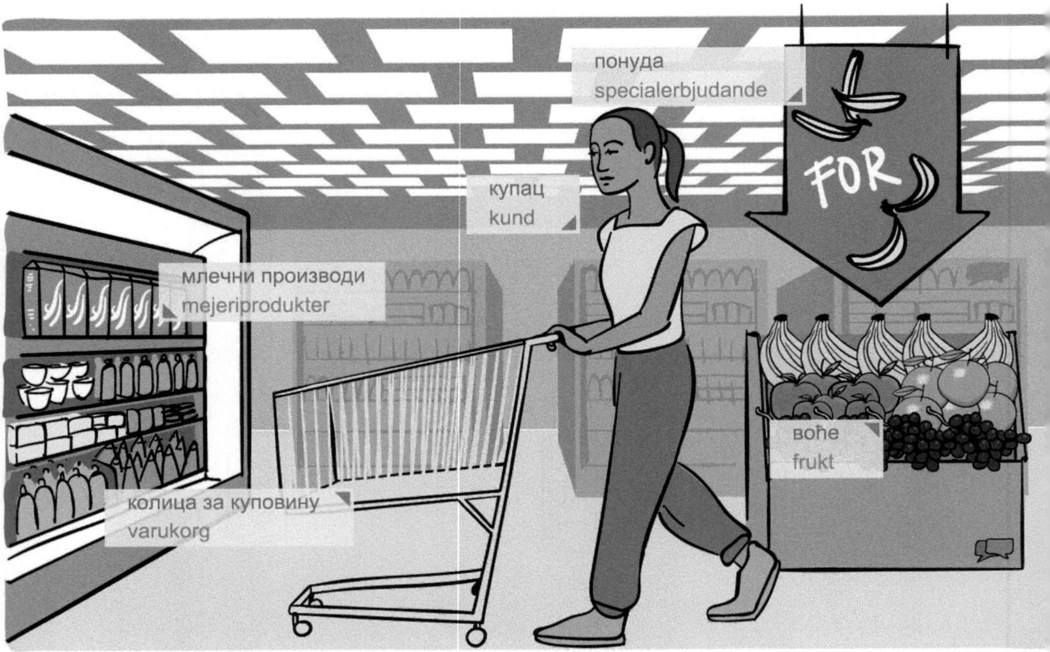
понуда
specialerbjudande
FOR
купац
kund
млечни производи
mejeriprodukter
воће
frukt
колица за куповину
varukorg

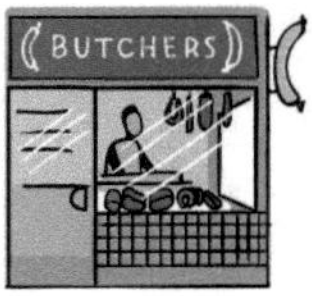

месница

charkuteri

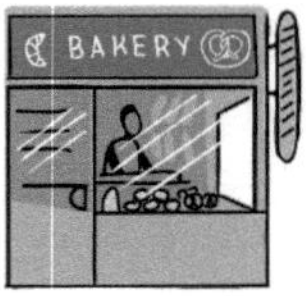

пекара

bageri

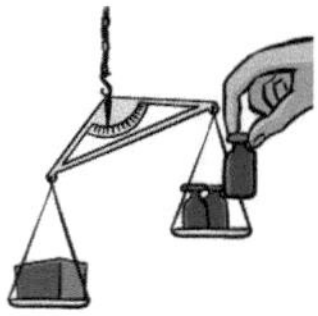

вагати

väga

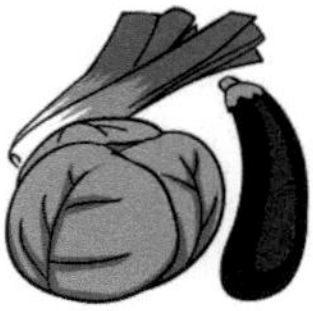

поврће

grönsaker

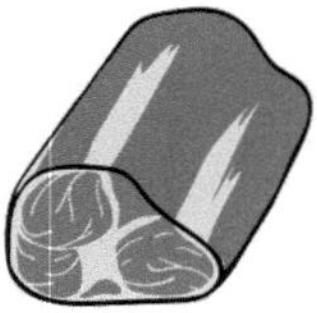

месо

kött

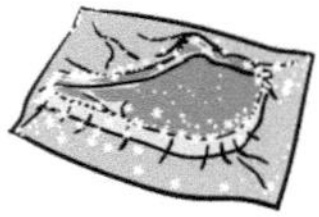

смрзнута храна

frysta livsmedel

нарезак

pålägg

конзерве

konserver

средство за прање

tvättmedel

слаткиши

godis

артикли за домаћинство

hushållsprodukter

средства за чишћење

rengöringsmedel

продавачица

försäljare

благајна

kassa

благајник

kassör

листа за куповину

inköpslista

време рада

öppettider

новчаник

plånbok

кредитна картица

kreditkort

торба

väska

пластична кеса

plastpåse

вода

vatten

сок

juice

млеко

mjölk

кола

cola

вино

vin

пиво

öl

алкохол

alkohol

какао

kakao

чај

te

кава

kaffe

еспресо

espresso

капучино

cappuccino

банана

banan

јабука

äpple

наранџа

apelsin

лубеница

melon

лимун

citron

шаргарепа

morot

бели лук

vitlök

бамбус

bambu

лук

lök

гљива

svamp

орашасти плодови

nötter

резанци

nudlar

шпагете

spaghetti

рижа

ris

салата

sallad

помфрит

pommes frites

печени крумпир

stekt potatis

пица

pizza

хамбургер

hamburgare

сендвич

smörgås

шницла

schnitzel

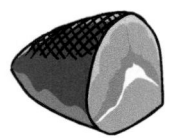

шунка

skinka

салама

salami

кобасица

korv

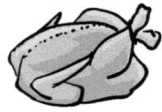

кокош

kyckling

печење

stek

риба

fisk

зобене пахуљице

havregryn

мусли

müsli

кукурузне пахуљице

cornflakes

брашно

mjöl

кроасан

croissant

пециво

fralla

хлеб

bröd

тоаст

rostat bröd

кекси

kex

маслац

smör

свежи сир

kvarg

колач

kaka

jaje

ägg

jaje на око

stekt ägg

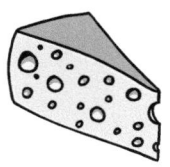

сир

ost

сладолед
glass

шећер
socker

мед
honung

мармелада
sylt

нугат крема
nougatkräm

кари
curry

сеоско газдинство
bondgård

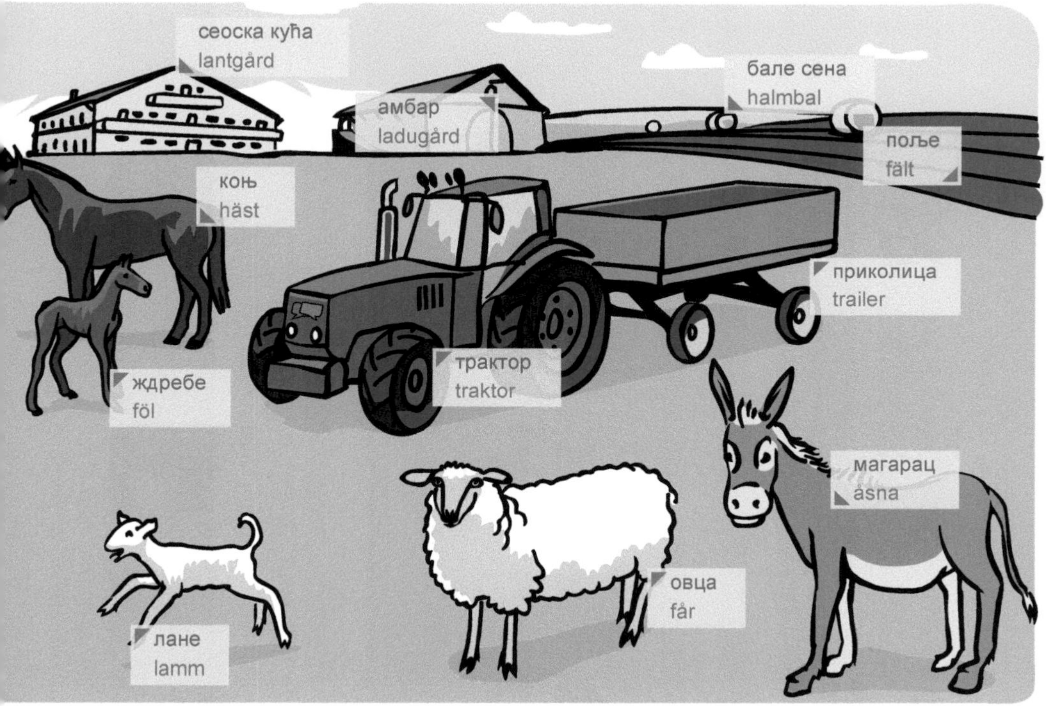

сеоска кућа
lantgård
амбар
ladugård
бале сена
halmbal
поље
fält
коњ
häst
приколица
trailer
трактор
traktor
ждребе
föl
магарац
åsna
овца
får
лане
lamm

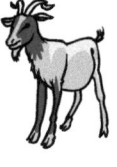

коза

get

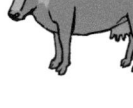

крава

ko

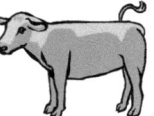

теле

kalv

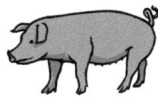

свиња

gris

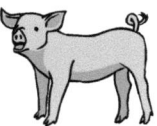

прасе

griskulting

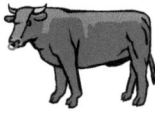

бик

tjur

гуска

gås

патка

anka

пилићи

kyckling

кокош

höna

петао

tupp

пацов

råtta

мачка

katt

миш

mus

вол

oxe

пас

hund

кућица за пса

hundkoja

вртно црево

trädgårdsslang

канта за поливање

vattenkanna

коса

lie

плуг

plog

срп

skära

мотика

hacka

виљушка за ђубриво

högaffel

секира

yxa

тачке

skottkärra

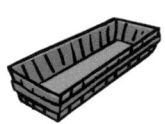

корито

tråg

посуда за млеко

mjölkflaska

врећа

säck

ограда

staket

штала

stall

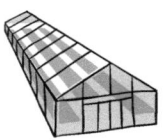

стакленик

växthus

земља

jord

семе

säd

ђубриво

gödsel

комбајн

skördetröska

жети
skörda

жетва
skörd

јамс зачин
jams

пшеница
vete

соја
soja

крумпир
potatis

кукуруз
majs

уљана репица
raps

воћка
fruktträd

гомољ маниоке
maniok

житарице
spannmål

кућа
hus

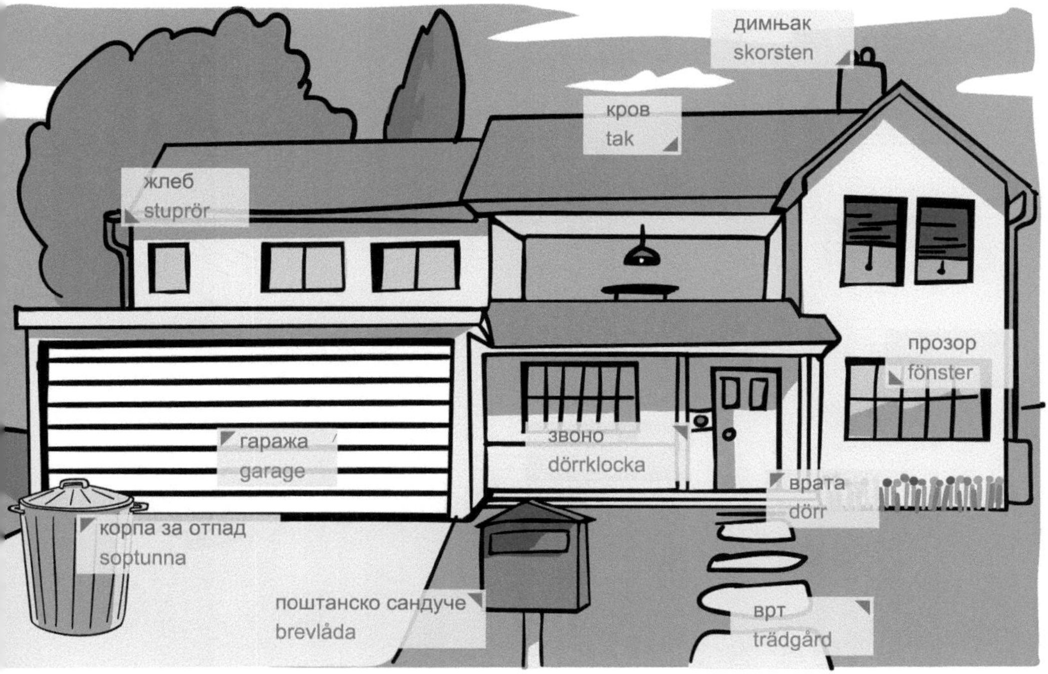

димњак
skorsten
кров
tak
жлеб
stuprör
прозор
fönster
гаража
garage
звоно
dörrklocka
врата
dörr
корпа за отпад
soptunna
поштанско сандуче
brevlåda
врт
trädgård

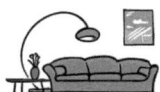

дневна соба

vardagsrum

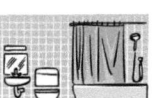

купаоница

badrum

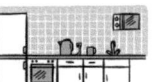

кухиња

kök

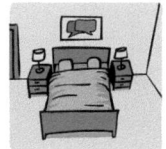

спаваћа соба

sovrum

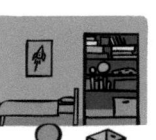

дечија соба

barnrum

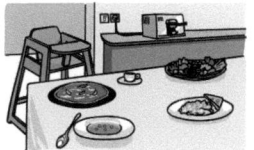

трпезарија

matsal

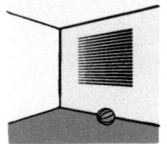

под
golv

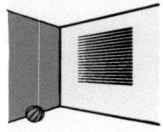

зид
vägg

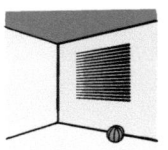

строп
tak

подрум
källare

сауна
bastu

балкон
balkong

тераса
terrass

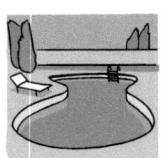

базен
bassäng

косилица за траву
gräsklippare

постељина за кревет
lakan

дека за кревет
överkast

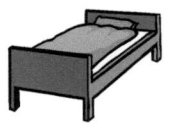

кревет
säng

метла
kvast

канта
hink

прекидач
strömbrytare

дневна соба
vardagsrum

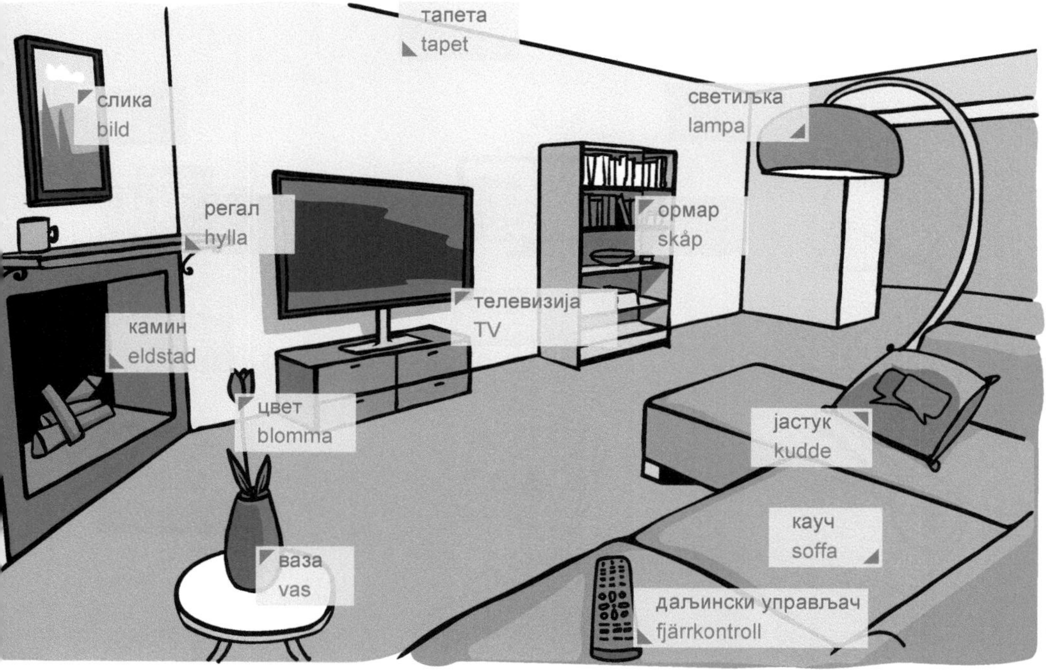
тапета
tapet
слика
bild
светиљка
lampa
регал
hylla
ормар
skåp
телевизија
TV
камин
eldstad
цвет
blomma
јастук
kudde
кауч
soffa
ваза
vas
даљински управљач
fjärrkontroll

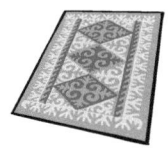

тепих

matta

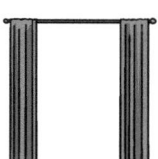

завеса

gardin

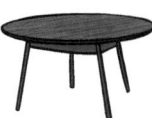

сто

bord

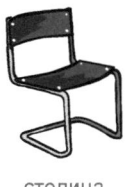

столица

stol

столица за љухање

gungstol

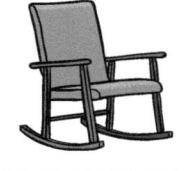

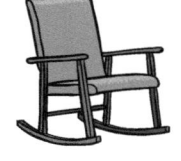

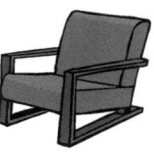

фотеља

fåtölj

књига

bok

дека

filt

декорација

dekoration

дрво за огрев

vedträ

филм

film

хи-фи уређај

stereoanläggning

кључ

nyckel

новине

dagstidning

слика на платну

målning

постер

poster

радио

radio

блок за писање

anteckningsbok

усисивач

dammsugare

кактус

kaktus

свећа

stearinljus

кухиња
kök

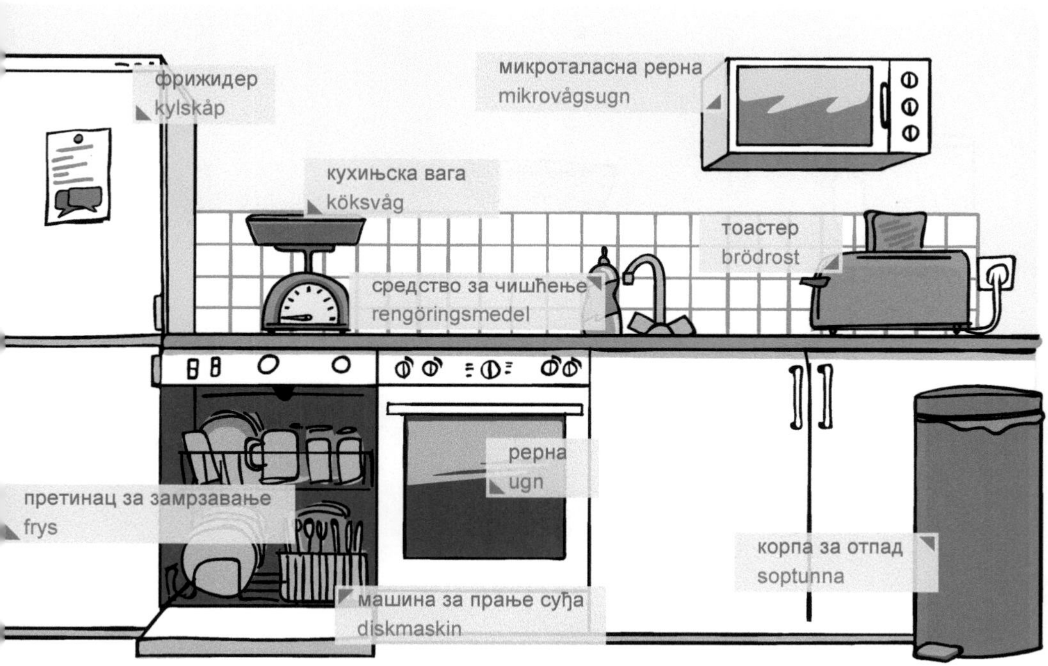
фрижидер
kylskåp
микроталасна рерна
mikrovågsugn
кухињска вага
köksvåg
тоастер
brödrost
средство за чишћење
rengöringsmedel
рерна
ugn
претинац за замрзавање
frys
корпа за отпад
soptunna
машина за прање суђа
diskmaskin

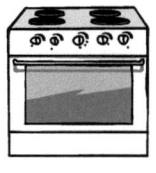

шпорет

spis

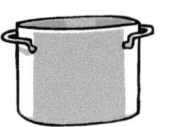

лонац

kastrull

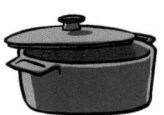

гвоздени лонац

järngryta

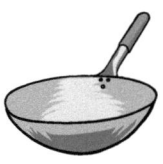

вок / кадаи

wok / kadai

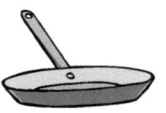

тава

stekpanna

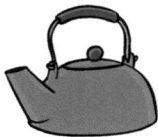

кувало за воду

vattenkokare

кувало на пару

ångkokare

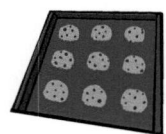

лим за печење

bakplåt

посуђе

porslin

чаша

mugg

посуда

skål

штапићи за јело

ätpinnar

кутлача

soppslev

лопатица

stekspade

пењача

visp

сито за кување

durkslag

сито

sil

рибеж

rivjärn

мужар

mortel

роштиљ

grill

огњиште

brasa

даска

skärbräda

оклагија

kavel

вадичеп

korkskruv

конзерва

burk

отварач конзерви

burköppnare

крпа за лонац

grytlapp

судопер

vask

четка

borste

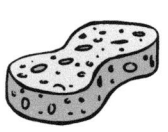

сунђер

svamp

миксер

mixer

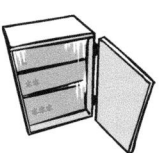

замрзивач

frys

флашица за бебе

nappflaska

славина за воду

kran

купаоница
badrum

туш
dusch
грејање
värme
пешкир
handduk
завеса за туш
duschdraperi
пенушава купка
bubbelbad
када
badkar
чаша
glas
машина за прање веша
tvättmaskin
славина за воду
kran
плочице
kakel
тута
potta
судопер
vask

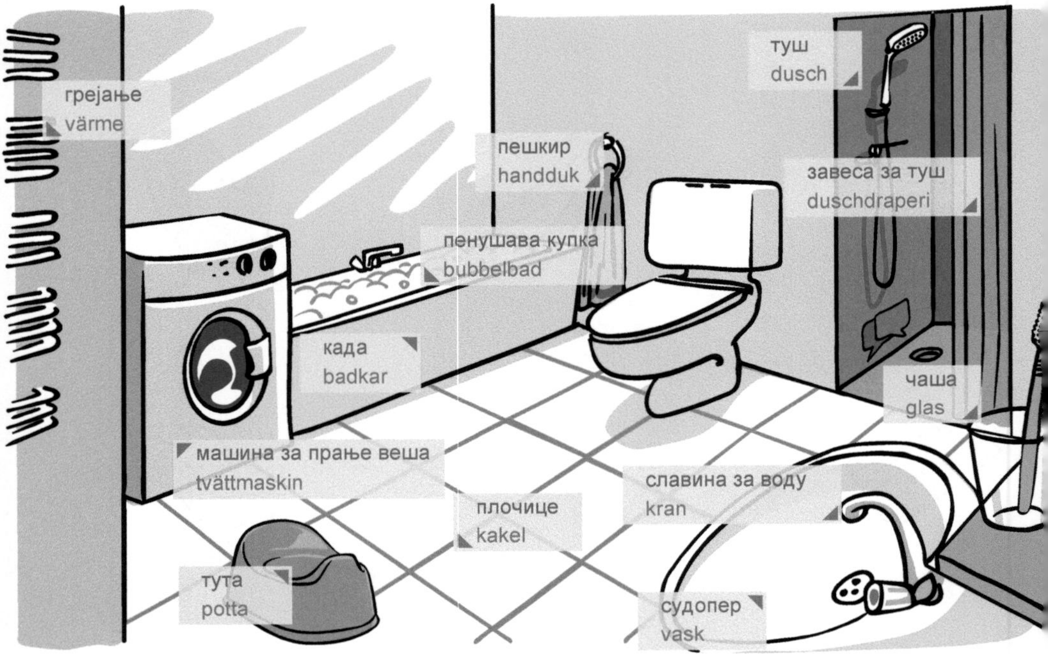

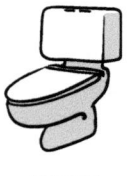

тоалет

toalett

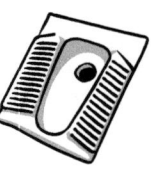

чучавац

låg toalett

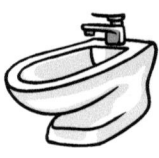

бидет

bidet

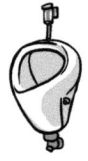

писоар

pissoar

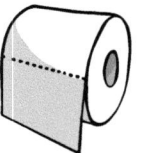

тоалетни папир

toalettpapper

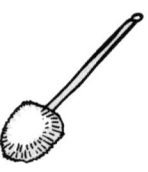

четка за тоалет

toalettborste

четкица за зубе

tandborste

паста за зубе

tandkräm

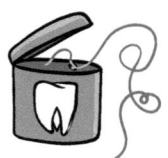

конац за зубе

tandtråd

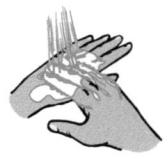

прати

tvätta

туш ручица

handdusch

туш за прање интимних делова

intimdusch

лавор

handfat

четка за прање леђа

ryggborste

сапун

tvål

гел за туширање

duschgel

шампон

schampo

крпа за прање

trasa

одвод

avlopp

крема

crème

дезодоранс

deodorant

огледало

spegel

козметичко огледало

handspegel

бријач

rakhyvel

пена за бријање

raklödder

лосион за после бријања

rakvatten

чешаљ

kam

четка

borste

фен за косу

hårtork

спреј за косу

hårspray

шминка

smink

руж за усне

läppstift

лак за нокте

nagellack

вата

bomullsvadd

маказе за нокте

nagelsax

парфем

parfym

40   купаоница - badrum

козметичка торбица

necessär

столица

pall

вага

våg

огртач

badrock

рукавице за чишћење

gummihandskar

тампон

tampong

уложак

binda

хемијски тоалет

kemisk toalett

дечија соба

barnrum

будилник
väckarklocka
плишана играчка
gosedjur
ауто играчка
leksaksbil
звечка
skallra
кућица за лутке
dockhus
поклон
present

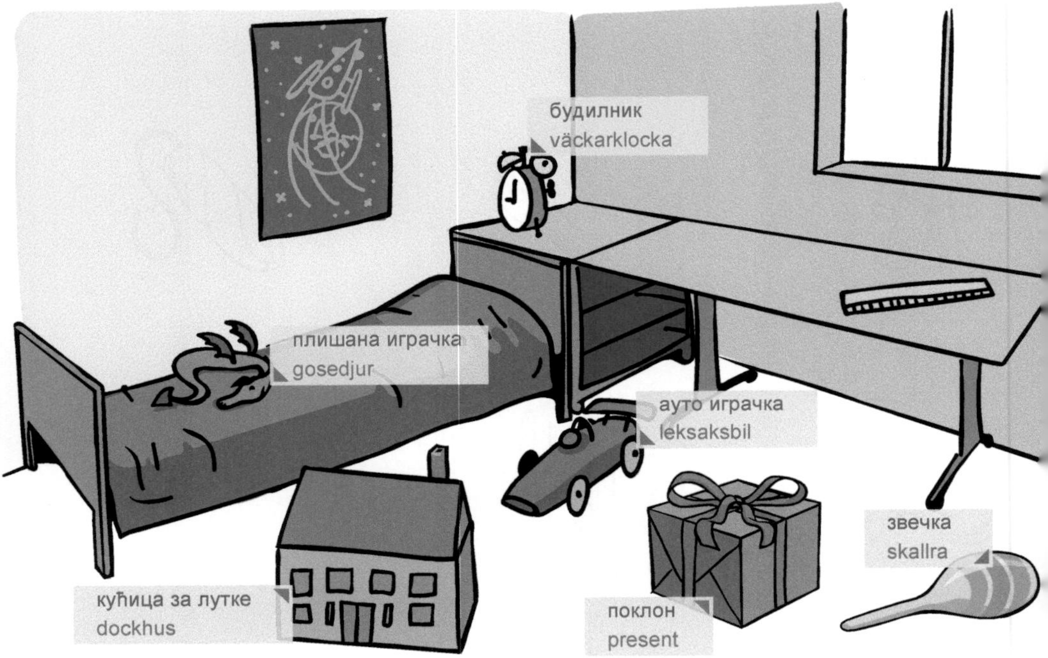

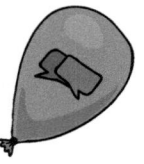

балон

ballong

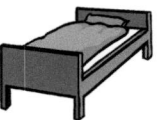

кревет

säng

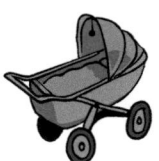

дјечија колица

barnvagn

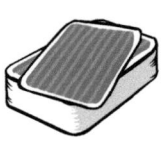

игра са картама

kortlek

слагалица

pussel

SUPER
MEGA

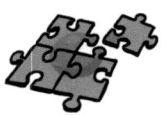

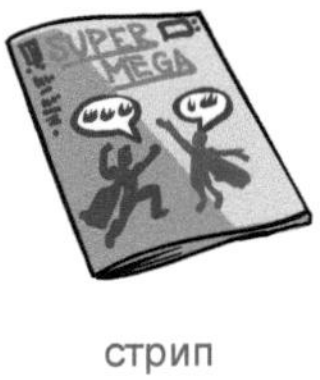

стрип

serietidning

лего коцкице

legobitar

коцкице за слагање

klossar

акциони јунак

actionfigur

бенкица за бебе

sparkdräkt

фризби

frisbee

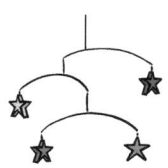

висеће играчке

mobil

друштвене игре

brädspel

коцка

tärning

минијатурна жељезница

modelljärnväg

дуда

napp

забава

party

сликовница

bilderbok

лопта

boll

лутка

docka

играти

spela

пешчаник

sandlåda

љуљачка

gunga

играчка

leksaker

конзола за игре

spelkonsol

трицикл

trehjuling

теди

nalle

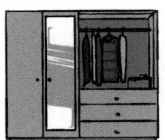

ормар

garderob

одећа
kläder

кратке чарапе

sockar

чарапе

strumpor

хулахопке

tights

шал
halsduk

каиш
bälte

кишобран
paraply

мајица
t-shirt

чизме
stövlar

папуче
tofflor

патике
sneakers

сандале
sandaler

ципеле
skor

гумене чизме
gummistövlar

гаћице
underbyxor

грудњак
BH

поткошуља
linne

боди
body

панталоне
byxor

фармерке
jeans

сукња
kjol

блуза
blus

кошуља
skjorta

џемпер
pullover

џемпер с капуљачом
sweater

сако
blazer

јакна
jacka

мантил
kappa

кабаница
regnjacka

костим
dräkt

хаљина
klänning

венчаница
bröllopsklänning

одело

kostym

спаваћица

nattlinne

пиџама

pyjamas

сари

sari

марама за главу

slöja

турбан

turban

бурка

burka

кафтан

kaftan

абаја

abaya

купаћи костим

baddräkt

купаће гаћице

badbyxor

кратке панталоне

shorts

одећа за тренинг

träningsoverall

кецеља

förkläde

рукавице

handskar

дугме

knapp

наочаре

glasögon

наруквица

armband

огрлица

halsband

прстен

ring

наушница

örhänge

капа

mössa

вешалица

galge

шешир

hatt

кравата

slips

патент затварач

dragkedja

кацига

hjälm

нараменице

hängslen

школска униформа

skoluniform

униформа

uniform

подбрадак
haklapp

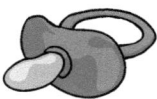

дуда
napp

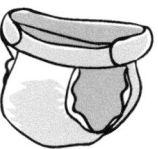

пелена
blöja

канцеларија
kontor

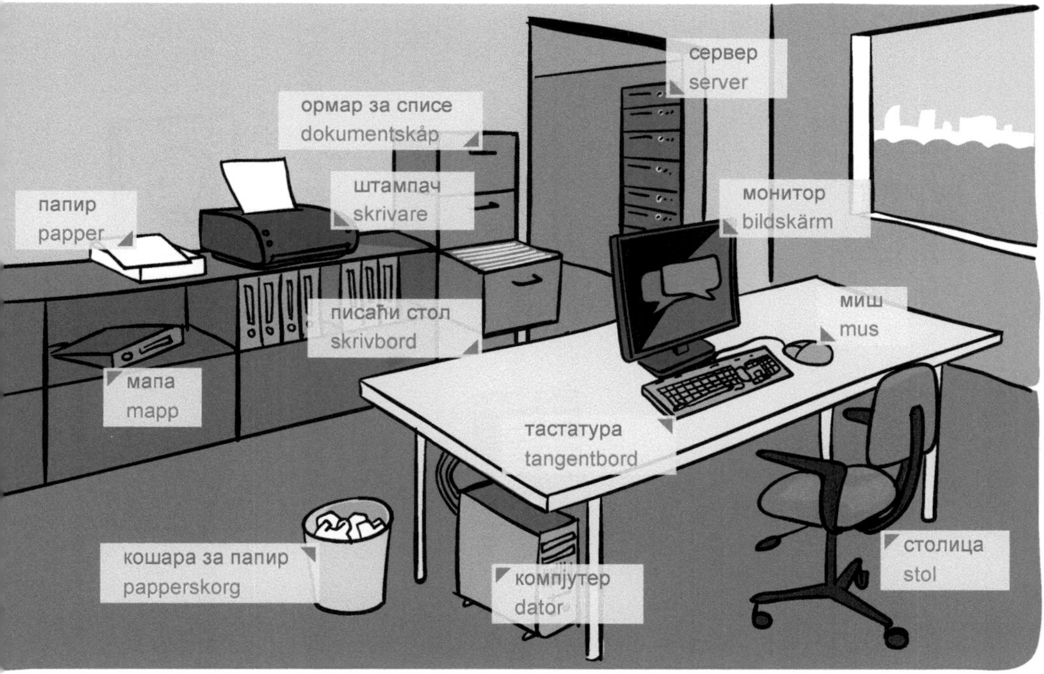

сервер
server

ормар за списе
dokumentskåp

папир
papper

штампач
skrivare

монитор
bildskärm

миш
mus

писаћи стол
skrivbord

мапа
mapp

тастатура
tangentbord

кошара за папир
papperskorg

столица
stol

компјутер
dator

шалица за каву
kaffemugg

калкулатор
miniräknare

интернет
internet

лаптоп

bärbar dator

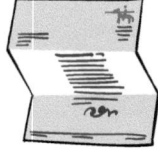

писмо

brev

порука

meddelande

мобилни телефон

mobiltelefon

мрежа

nätverk

уређај за копирање

kopieringsapparat

софтвер

programvara

телефон

telefon

утичница

vägguttag

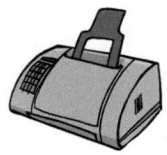

факс

fax

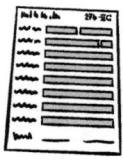

формулар

blankett

документ

dokument

куповати

köpa

платити

betala

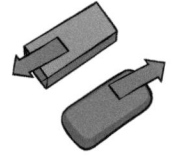

трговати

handla

новац

pengar

долар

dollar

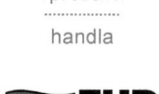

евро

euro

јен

yen

рубља

rubel

швајцарски франак

schweizisk franc

ренминдби јуан

renminbi yan

рупија

rupie

аутомат за новац

bankomat

мењачница

växelkontor

злато

guld

сребро

silver

нафта

olja

енергија

energi

цена

pris

уговор

kontrakt

порез

skatt

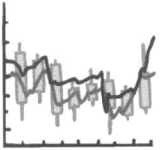

деонице

aktie

радити

arbeta

службеник

anställd

послодавац

arbetsgivare

фабрика

fabrik

продавница

affär

занимања

yrken

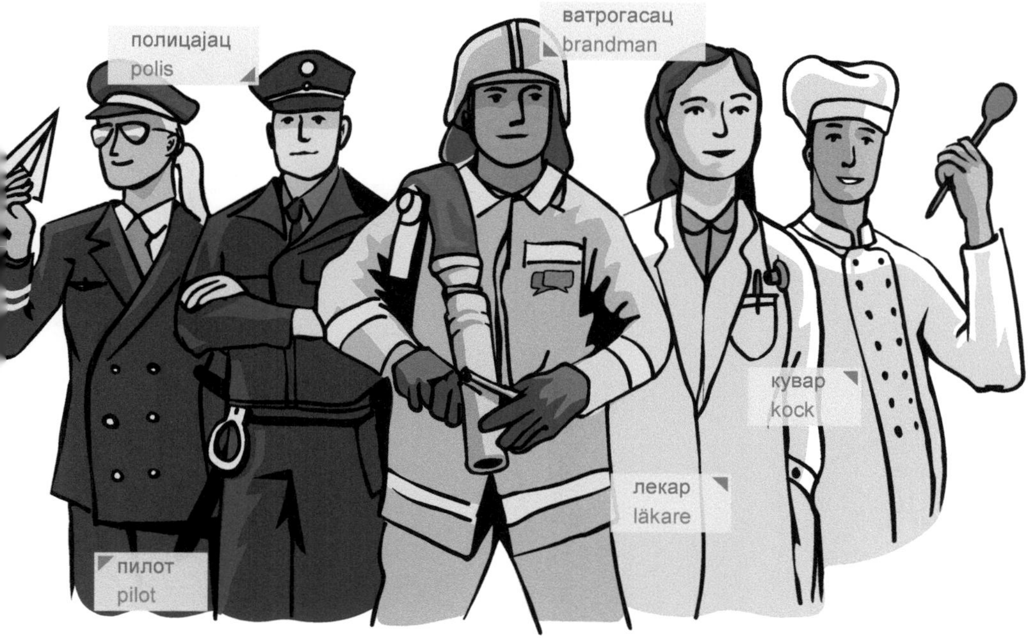
полицајац
polis
ватрогасац
brandman
кувар
kock
лекар
läkare
пилот
pilot

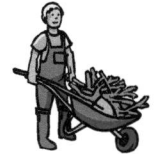

вртлар

trädgårdsmästare

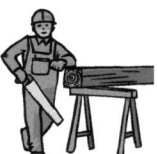

столар

snickare

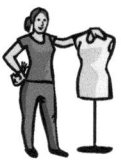

кројачица

sömmerska

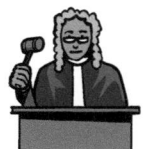

судија

domare

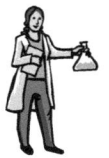

хемичар

kemist

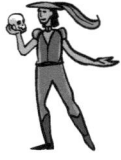

глумац

skådespelare

возач аутобуса

busschaufför

возач таксија

taxichaufför

рибар

fiskare

чистачица

städerska

кровопокривач

takläggare

конобар

servitör

ловац

jägare

сликар

målare

пекар

bagare

електричар

elektriker

грађевински радник

byggarbetare

инжењер

ingenjör

месар

slaktare

лимар

rörmokare

поштар

brevbärare

војник
soldat

архитекта
arkitekt

благајник
kassör

цвећар
florist

фризер
frisör

кондуктер
konduktör

механичар
mekaniker

капетан
kapten

зубар
tandläkare

научник
vetenskapsman

раби
rabbin

имам
imam

монах
munk

свећеник
präst

алати

verktyg

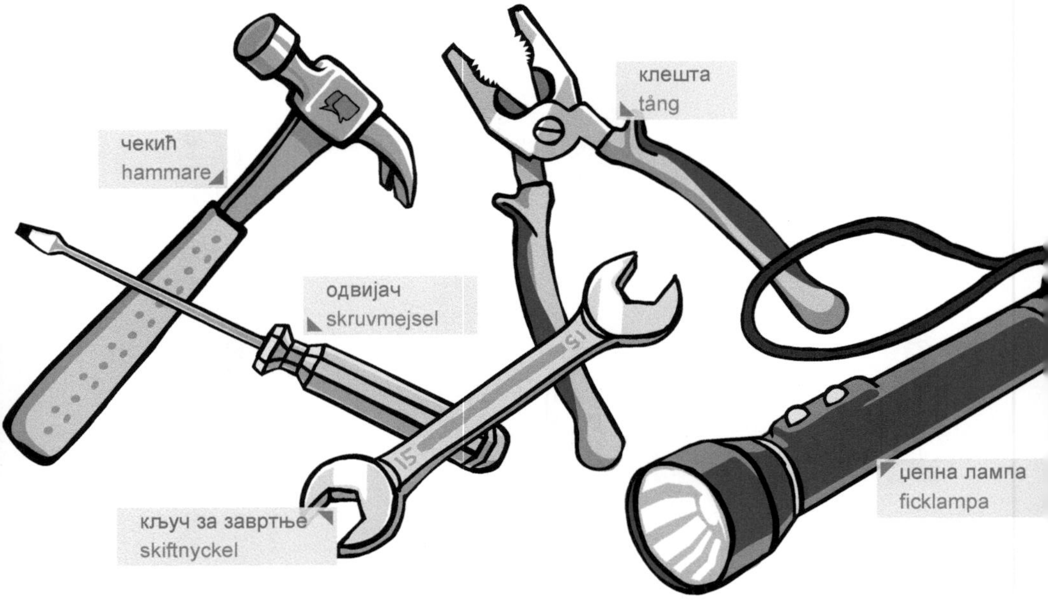

чекић
hammare
клешта
tång
одвијач
skruvmejsel
кључ за завртње
skiftnyckel
џепна лампа
ficklampa

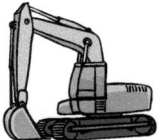

багер
grävmaskin

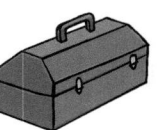

кутија за алат
verktygslåda

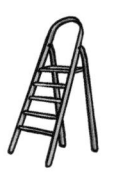

мердевине
stege

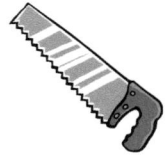

пила
såg

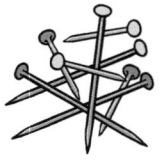

ексер
spik

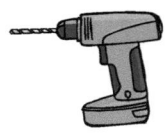

бушилица
borr

поправити

reparera

лопата

spade

до ђавола!

Helvete!

лопатица

sopskyffel

лонац за боју

färgburk

завртањи

skruvar

музички инструмент
musikinstrument

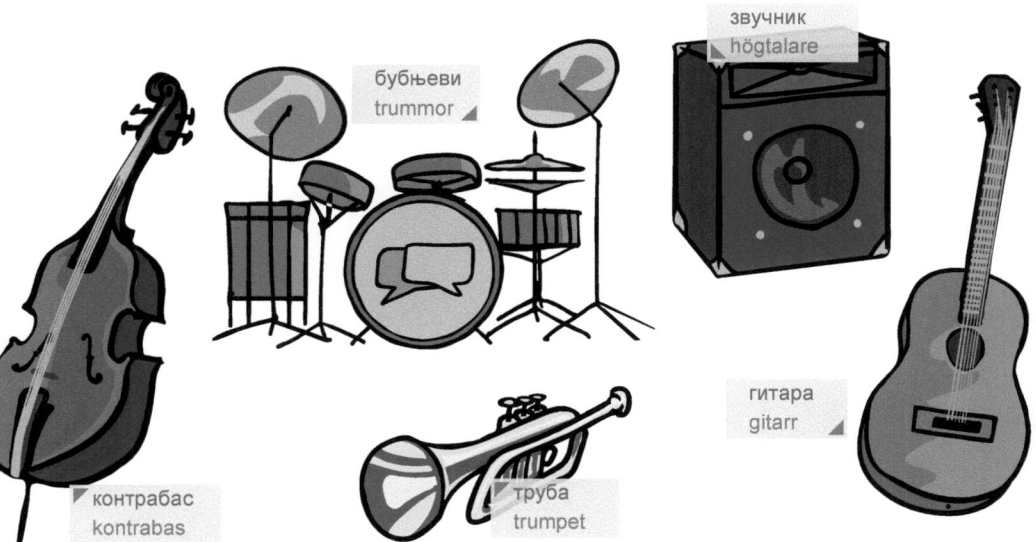

звучник
högtalare

бубњеви
trummor

гитара
gitarr

контрабас
kontrabas

труба
trumpet

клавир

piano

виолина

violin

бас

bas

тимпани

timpani

удараљке за бубњеве

trumma

типке клавира

keyboard

саксофон

saxofon

флаута

flöjt

микрофон

mikrofon

зоолошки врт

zoo

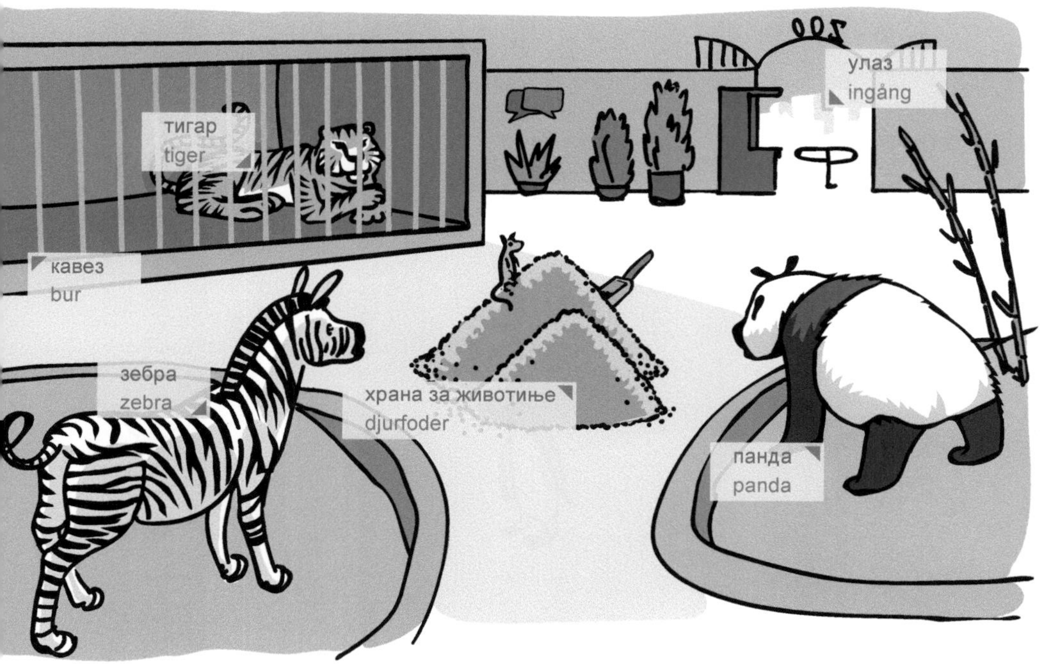

улаз
ingång
тигар
tiger
кавез
bur
зебра
zebra
храна за животиње
djurfoder
панда
panda

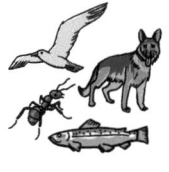

животиње

djur

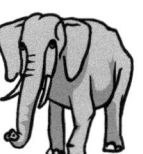

слон

elefant

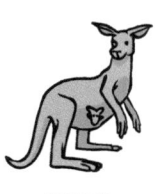

кенгур

känguru

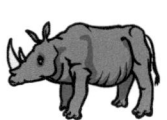

носорог

noshörning

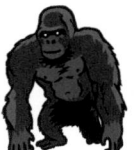

горила

gorilla

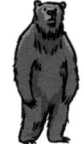

медвед

björn

камила

kamel

нoj

struts

лав

lejon

мajмун

apa

фламинго

flamingo

папагаj

papegoja

поларни медвед

isbjörn

пингвин

pingvin

аjкула

haj

паун

påfågel

змиja

orm

крокодил

krokodil

чувар у зоолошком врту

djurskötare

туљан

säl

jaryap

jaguar

пони

ponny

леопард

leopard

нилски коњ

flodhäst

жирафа

giraff

орао

örn

дивља свиња

vildsvin

риба

fisk

корњача

sköldpadda

морж

valross

лисица

räv

газела

gazell

амерички ногомет
amerikansk fotboll

бициклизам
cykling

тенис
tennis

кошарка
basket

пливање
simning

бокс
boxning

хокеј на леду
ishockey

фудбал
fotboll

бадминтон
badminton

атлетика
friidrott

рукомет
handboll

скијање
skidåkning

поло
polo

скочити
hoppa

загрлити
krama

смејати се
skratta

ићи
gå

певати
sjunga

молити се
be

пољубити
kyssa

сањати
drömma

писати	цртати	показати
skriva	rita	visa

гурати	дати	узети
skjuta	ge	ta

имати
hagel

чинити
göra

бити
vara

стојати
stå

трчати
springa

повлачити
dra

бацити
kasta

падати
falla

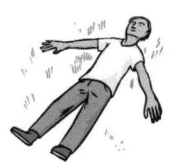

лежати
ligga

чекати
vänta

носити
bära

седити
sitta

облачити
klä på

спавати
sova

пробудити се
vakna

гледати

se på

плакати

gråta

миловати

smeka

чешљати

kamma

говорити

prata

разумети

förstå

питати

fråga

слушати

höra

пити

dricka

јести

äta

поспремити

städa

волети

älska

кухати

laga mat

возити

köra

летети

flyga

пловити

segla

рачунати

räkna

читати

läsa

учити

lära sig

радити

arbeta

венчати се

gifta sig

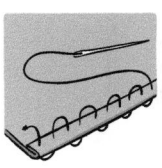

шити

sy

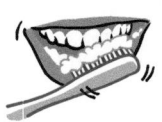

прати зубе

borsta tänderna

убити

döda

пушити

röka

послати

skicka

породица
familj

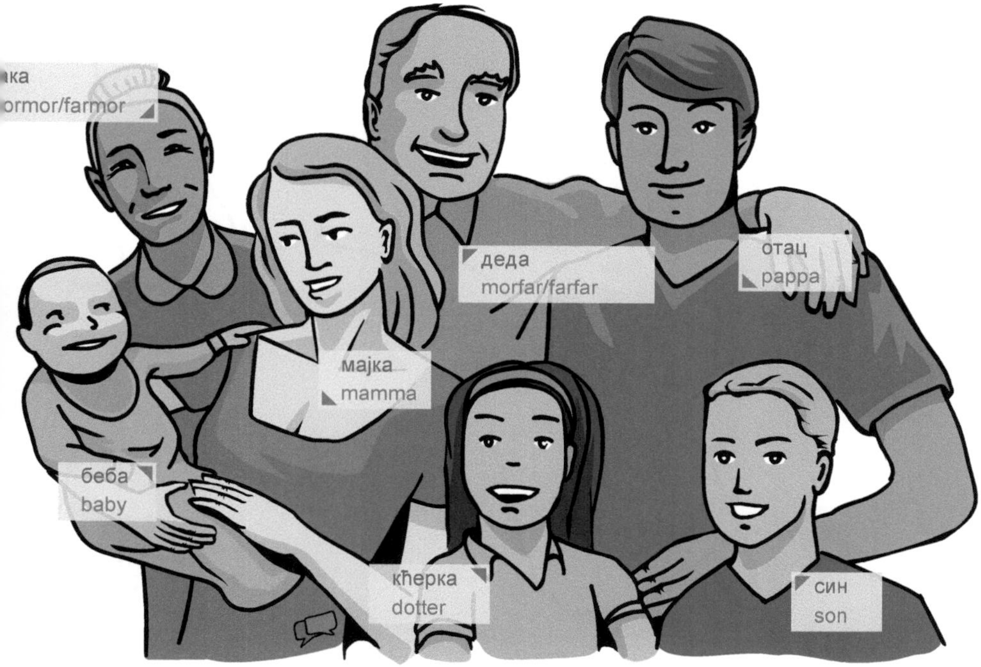
ка
ormor/farmor
деда
morfar/farfar
отац
pappa
мајка
mamma
беба
baby
кћерка
dotter
син
son

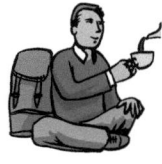

гост

gäst

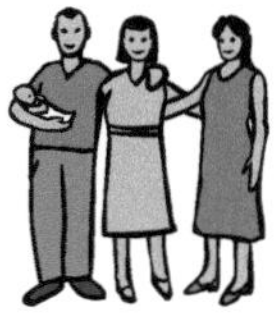

тетка

moster/faster

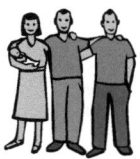

ујак, стриц

farbror/morbror

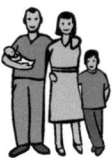

брат

bror

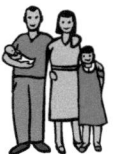

сестра

syster

тело
kropp

чело
panna
око
öga
лице
ansikte
брада
haka
груди
bröst
прст
finger
рука
hand
рука
arm
раме
skuldra
нога
ben

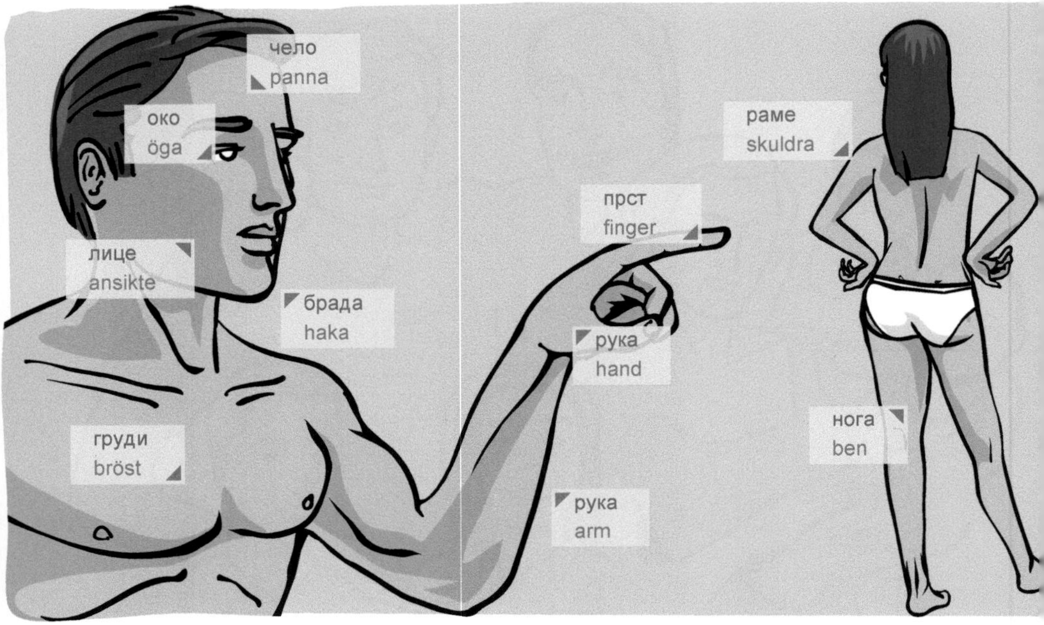

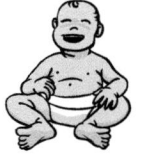

беба
baby

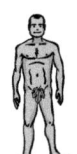

мушкарац
man

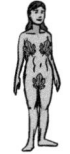

жена
kvinna

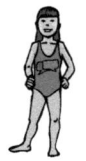

девојчица
flicka

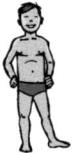

дечак
pojke

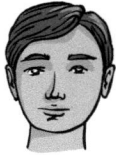

глава
huvud

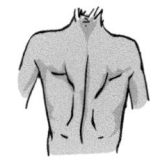

леђа
rygg

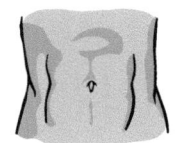

стомак
mage

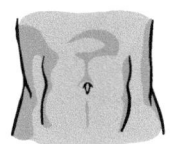

пупак
navel

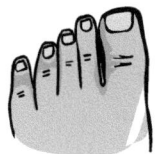

ножни прст
tå

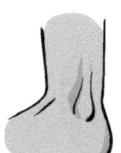

пета
häl

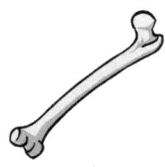

кост
ben

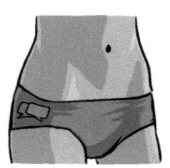

кукови
höft

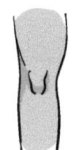

колено
knä

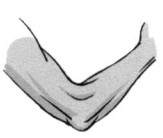

лакат
armbåge

нос
näsa

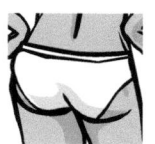

задњица
stjärt

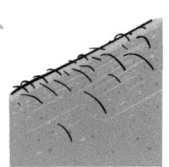

кожа
hud

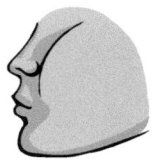

образ
kind

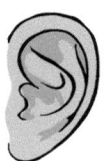

уво
öra

усна
läpp

уста

mun

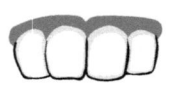

зуб

tand

језик

tunga

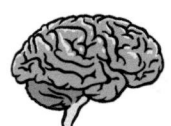

мозак

hjärna

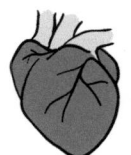

срце

hjärta

мишић

muskel

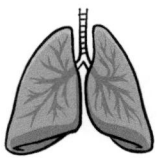

плућа

lunga

јетра

lever

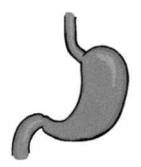

желудац

magsäck

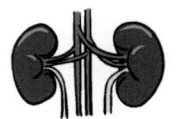

бубрези

njurar

полни однос

sex

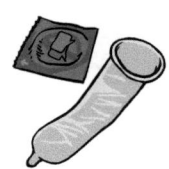

кондом

kondom

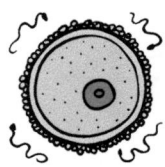

јајна ћелија

äggcell

сперма

sperma

трудноћа

graviditet

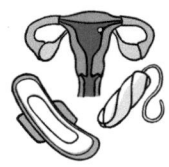

менструација

menstruation

вагина

vagina

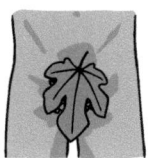

пенис

penis

обрва

ögonbryn

коса

hår

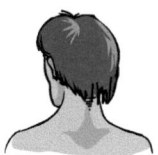

врат

nacke

болница
sjukhus

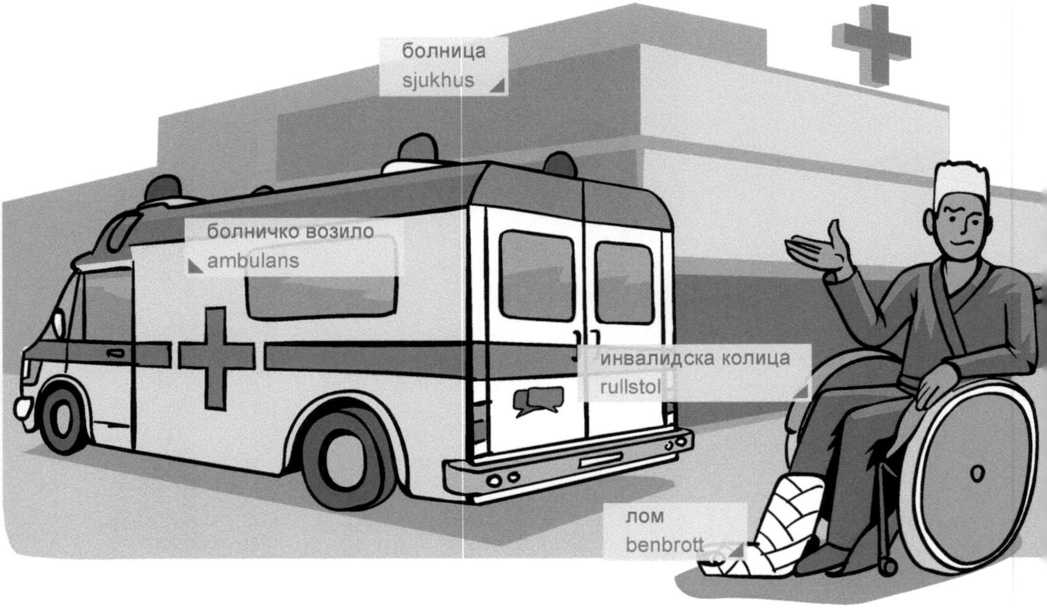

болница
sjukhus
болничко возило
ambulans
инвалидска колица
rullstol
лом
benbrott

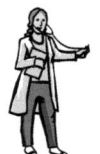

лекар

läkare

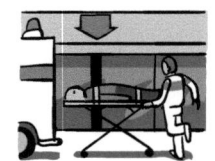

хитна медицинска служба

akutmottagning

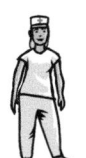

медицинска сестра

sjuksköterska

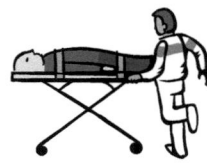

хитни случај

nödsituation

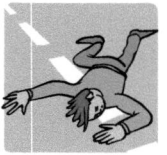

несвест

medvetslös

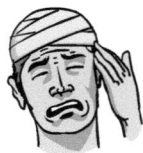

бол

smärta

повреда

skada

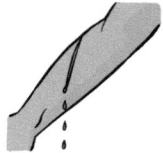

крварење

blödning

срчани удар

hjärtattack

удар

slaganfall

алергија

allergi

кашаљ

hosta

грозница

feber

грипа

influensa

пролив

diarré

главобоља

huvudvärk

рак

cancer

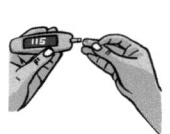

дијабетес

diabetes

хирург

kirurg

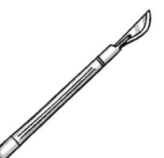

скалпел

skalpell

операција

operation

цт
CT

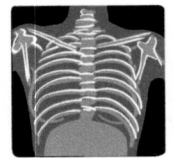

рентген
röntgen

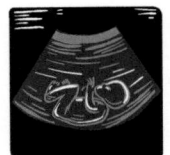

ултразвук
ultraljud

маска
ansiktsmask

болест
sjukdom

чекаона
väntsal

штака
krycka

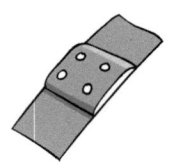

фластер
plåster

завој
bandage

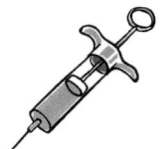

ињекција
injektion

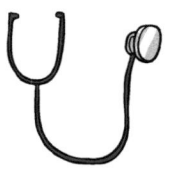

стетоскоп
stetoskop

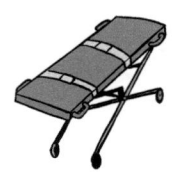

носила
bår

термометар
termometer

рођење
födsel

прекомерна тежина
övervikt

слушни апарат

hörapparat

средство за дезинфекцију

desinfektionsmedel

инфекција

infektion

вирус

virus

хив / аидс

HIV / AIDS

медицина

medicin

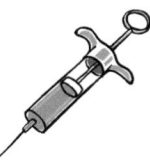

вакцинација

vaccination

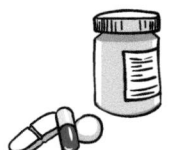

таблете

tabletter

пилула

p-piller

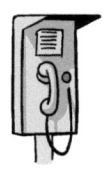

хитни позив

nödsamtal

уређај за мерење притиска

blodtrycksmätare

болесно / здраво

sjuk / frisk

помоħ!

Hjälp!

аларм

alarm

насртај

överfall

напад

misshandel

опасност

fara

излаз у случају нужде

nödutgång

пожар!

Det brinner!

противпожарни апарат

brandsläckare

незгоца

olycka

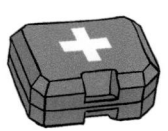

кутија прве помоħи

förbandslåda

сос

SOS

полиција

polis

Европа

Europa

Северна Америка

Nordamerika

Јужна Америка

Sydamerika

Африка

Afrika

Азија

Asien

Аустралија

Australien

Атлантик

Atlanten

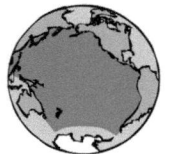

Пацифик

Stilla Havet

Индијски океан

Indiska Oceanen

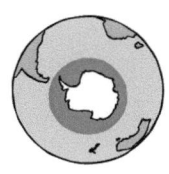

Антарктички океан

Antarktiska Oceanen

Арктички океан

Arktiska Oceanen

Северни рол

Nordpol

Јужни рол
Sydpol

Антарктик
Antarktis

земља
Jorden

земља
land

море
hav

оток
ö

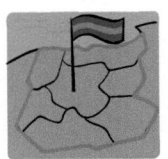

нација
nation

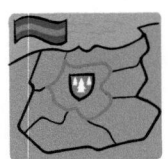

држава
stat

бројчаник сата

urtavla

сатна казаљка

timvisare

минутна казаљка

minutvisare

секундна казаљка

sekundvisare

Колико је сати?

Vad är klockan?

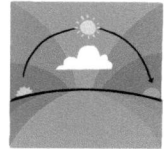

дан

dag

време

tid

сада

nu

дигитални сат

digital klocka

минута

minut

час

timme

седмица
vecka

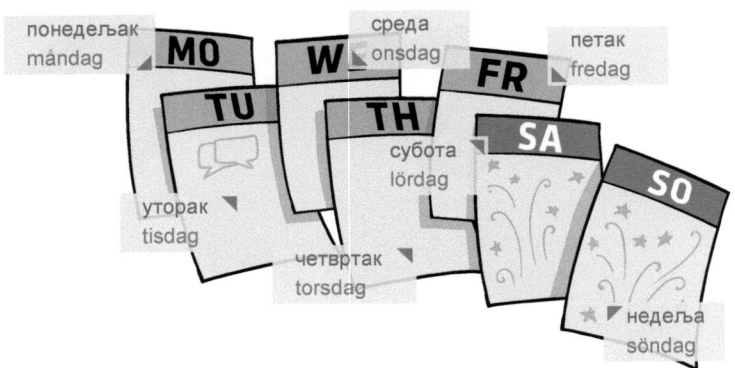

понедељак / måndag	среда / onsdag	петак / fredag
уторак / tisdag	четвртак / torsdag	субота / lördag
		недеља / söndag

јуче
....
igår

данас
....
idag

сутра
....
imorgon

јутро
....
morgon

подне
....
middag

вече
....
kväll

радни дани
....
vardagar

викенд
....
helg

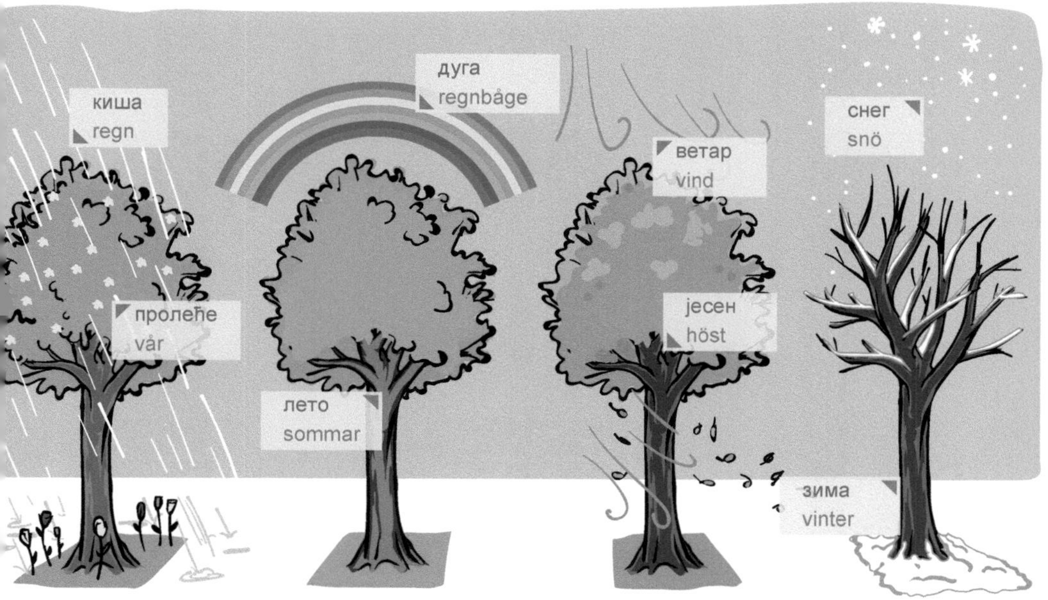

киша
regn
дуга
regnbåge
ветар
vind
снег
snö
пролеће
vår
лето
sommar
јесен
höst
зима
vinter

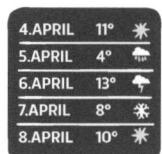

4.APRIL 11°
5.APRIL 4°
6.APRIL 13°
7.APRIL 8°
8.APRIL 10°

етеоролошка прогноза

väderprognos

F C
120 40
90 30
60 20
30 10
0 0
-30 -10
-20

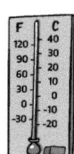

термометар

termometer

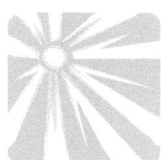

сунчана светлост

solsken

облак

moln

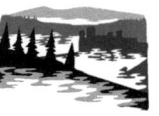

магла

dimma

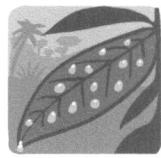

влажност ваздуха

luftfuktighet

муња

blixt

грмљавина

åska

олуја

storm

туча

hagel

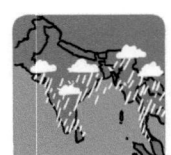

монсун

monsun

поплава

översvämning

лед

is

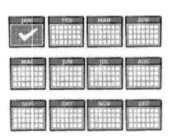

јануар

januari

фебруар

februari

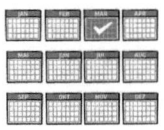

март

mars

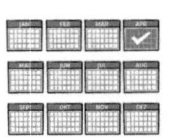

април

april

мај

maj

јуни

juni

јули

juli

август

augusti

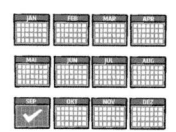

септембар
....
september

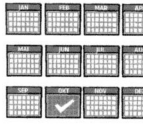

октобар
....
oktober

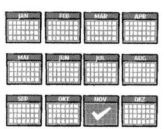

новембар
....
november

децембар
....
december

облици
former

круг
....
cirkel

квадрат
....
kvadrat

правоугао
....
rektangel

троугао
....
triangel

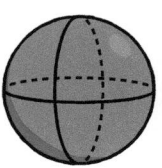

кугла
....
sfär

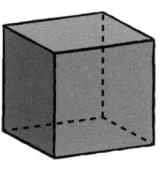

коцка
....
kub

бела

vit

жута

gul

наранџаста

orange

ружичаста

rosa

црвена

röd

љубичаста

lila

плава

blå

зелена

grön

смеђа

brun

сива

grå

црна

svart

много / мало

mycket / lite

љутито / мирно

arg / lugn

лепо / ружно

vacker / ful

почетак / крај

början / slut

велико / малено

stor / liten

светло / тамно

ljus / mörk

брат / сестра

bror / syster

чисто / прљаво

ren / smutsig

потпуно / непотпуно

komplett / ofullständig

дан / ноћ

dag / natt

мртво / живо

död / levande

широко / уско

bred / smal

јестиво / нејестиво

ätlig / oätlig

зло / добро

ond / god

узбуђено / досадно

upphetsad / uttråkad

дебело / мршаво

tjock / smal

на почетку / на крају

först / sist

пријатељ / непријатељ

vän / fiende

пуно / празно

full / tom

тврдо / мекано

hård / mjuk

тешко / лагано

tung / lätt

глад / жеђ

hunger / törst

болесно / здраво

sjuk / frisk

илегално / легално

olaglig / laglig

паметно / глупо

intelligent / dum

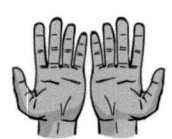

лево / десно

vänster / höger

близу / далеко

nära / långt bort

ново / половно

ny / begagnad

ништа / нешто

inget / något

старо / младо

gammal / ung

укључено / искључено

på / av

отворено / затворено

öppen / stängd

тихо / гласно

tyst / högljudd

богато / сиромашно

rik / fattig

тачно / погрешно

rätt / fel

храпаво / глатко

grov / slät

тужно / сретно

ledsen / glad

кратко / дуго

kort / lång

полако / брзо

långsam / snabb

мокро / сухо

våt / torr

топло / хладно

varm / sval

рат / мир

krig / fred

супротности - motsatser

0

нула

noll

1

један

ett

2

два

två

3

три

tre

4

четири

fyra

5

пет

fem

6

шест

sex

7

седам

sju

8

осам

åtta

9

девет

nio

10

десет

tio

11

једанаест

elva

12
дванаест
tolv

13
тринаест
tretton

14
четрнаест
fjorton

15
петнаест
femton

16
шестнаест
sexton

17
седамнаест
sjutton

18
осамнаест
arton

19
деветнаест
nitton

20
двадесет
tjugo

100
стотину
hundra

1.000
хиљаду
tusen

1.000.000
милион
miljon

енглески

engelska

амерички енглески

amerikansk engelska

мандарински кинески

kinesisk mandarin

хиндски

hindi

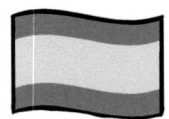

шпански

spanska

француски

franska

арапски

arabiska

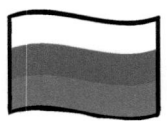

руски

ryska

португалски

portugisiska

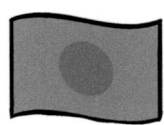

бенгалски

bengali

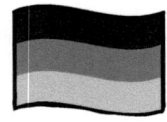

немачки

tyska

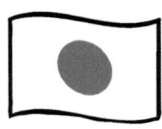

јапански

japanska

ja
jag

ти
du

он / она / оно
han / hon / den (det)

ми
vi

ви
ni

они
de

Ко?
vem?

Шта?
vad?

Како?
hur?

Где?
var?

Када?
när?

име
namn

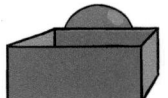

иза

bakom

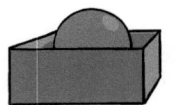

у

i

испред

framför

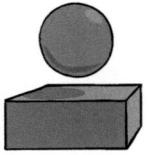

преко

över

на

på

испод

under

поред

bredvid

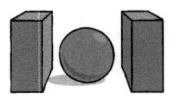

између

mellan

место

plats